AF243060

LES

# NOTABLES DU PEUPLE

# LES
# NOTABLES DU PEUPLE

## LETTRE A UN DÉPUTÉ

SUR

L'ORGANISATION DE LA HIÉRARCHIE NATIONALE
L'ACTION POLITIQUE DE LA FAMILLE
LA DÉCENTRALISATION

TOURS

IMPRIMERIE A. MAME ET FILS

—

MAI 1871

Monsieur le Député,

La France, énervée par les jouissances matérielles et par un long sommeil moral, vient d'être outrageusement vaincue.

Depuis un siècle, des républiques, des monarchies et des empires, qui prétendaient lui donner la vie en la revêtant de leurs institutions, se sont successivement écroulés sans avoir fait autre chose que d'élargir l'abîme dans lequel les baïonnettes prussiennes l'ont fait descendre.

Le gouffre doit-il se refermer sur elle, pour l'ensevelir à jamais et l'effacer du nombre des nations qui pèsent dans la balance du continent, ou, par un suprême effort de sagesse, sera-t-elle digne de reprendre sa place dans le concert européen ?

C'est à vous, monsieur le Député, qu'il

appartiendra sans doute de décider de son sort.

Je n'ai pas, veuillez le croire, la prétention d'avoir dans le gouvernement de mon pays une plus large part que celle que me donne ma qualité de citoyen, et c'est à ce seul titre que, dans ce moment solennel, je viens vous demander d'examiner devant vous quel peut être le remède efficace capable de cicatriser les blessures de notre chère patrie; et, pour ne point être accusé de présomption et d'outrecuidance, j'ai besoin de présenter mon excuse.

Il faut bien l'avouer, les gens honnêtes et paisibles, confiants dans l'assiduité de leur travail, dans la régularité de leur conduite, s'occupent peu des affaires publiques et de l'influence que peuvent prendre les esprits inquiets et turbulents. Ils pensent avoir rempli tous leurs devoirs quand ils ont accompli la tâche de la journée, assuré le pain du lendemain et sauvegardé leurs intérêts privés. Travailleurs sans relâche, ont-ils le temps d'élever leurs pensées au-dessus des besoins de leurs foyers, des combinaisons de leurs affaires, de l'arrangement de leurs plaisirs ? Leur faudra-t-il, après tant de labeur, s'occuper encore des affaires de tout le monde ? Et cependant une cruelle et longue expérience ne leur prouve-t-elle pas que ce désintéressement des affaires publiques, que cet abandon de leur influence sociale sont les causes qui compromettent sans cesse leur repos, leur travail, leurs intérêts et leurs jouissances.

C'est qu'en effet, les hommes vivant en société n'ont pas le droit de s'abstenir de toute intervention dans la conduite de cette société. C'est pour avoir méconnu cette loi qu'ils en subissent la sanction.

Tout homme qui sent en lui vivre une âme immortelle doit comprendre qu'il devra rendre compte un jour de ses actes terrestres, et qu'il ne lui suffira pas d'offrir au juge suprême une vie exclusivement occupée du soin d'intérêts égoïstes et matériels, quand elle aurait dû s'étendre aux soucis que doit inspirer à tout cœur échauffé de l'amour chrétien et fraternel le bonheur de ses semblables. Un seul correctif doit modérer le devoir qu'a tout citoyen d'exercer sa part d'influence, c'est de respecter toujours la liberté que possède autrui de n'en pas tenir compte.

C'est sous l'inspiration de ces sentiments que je vous soumets, monsieur le Député, les considérations qui vont suivre.

Bien que la forme du gouvernement ne soit pas indifférente, on peut cependant dire que quelle que soit la constitution que la France se donne, elle sera assurément bonne, si elle est loyalement appliquée. Si, depuis un siècle, ces constitutions ont été si changeantes, c'est que la nation, à chaque instant déçue dans son espérance, cherchait sous une forme nouvelle une sincérité qu'elle ne trouvait pas sous la précédente. La question à résoudre est donc de ramener dans le gouvernement du pays l'honnêteté, qui lui a fait défaut, et c'est plus facile à faire peut-être que les hommes politiques ne le pensent. L'honnêteté est, Dieu merci, assez profondément gravée dans le cœur des hommes pour que la conscience publique en puisse facilement dicter les lois.

Ce qui perd notre nation, c'est la funeste influence des hommes politiques, puisque la politique est presque toujours réduite à l'art de tromper; c'est la substitution du culte du but à l'honnêteté du moyen; c'est l'introduction dans les mœurs publiques de ce faux principe que la loyauté politique obéit à d'autres décrets que ceux qui règlent les mœurs privées et sociales; c'est la subrogation des intérêts matériels et passagers aux principes de l'éternelle justice.

Les hommes politiques qui ont manié ces intérêts se sont donné la tâche difficile de les pondérer et d'établir entre eux un équilibre stable, et chaque fois que leur œuvre à peine achevée semblait parfaite, un intérêt nouveau surgissait inattendu, et dérangeait l'harmonie de leur fragile édifice, qui, chancelant sur son unique point d'appui, l'intérêt, s'écroulait en entraînant dans sa ruine tout notre corps social.

La France, monsieur le Député, n'a-t-elle
point fait assez longtemps ces lugubres
essais, et ses dernières illusions ne sont-
elles pas tombées?

Certainement, la France a le désir de se
gouverner elle-même; mais, lorsque la nation tout entière est consultée, elle témoigne
manifestement de son inexpérience, et, con-
sciencieusement pénétrée de son inaptitude,
elle ne tarde pas à déposer entre les mains
d'un seul homme le soin de ses destinées.
C'est toujours par un seul homme, quelque
nom qu'on lui ait donné, que se sont réso-
lues jusqu'ici les questions gouvernemen-
tales.

Puis cet homme, enivré de pouvoir ou
entouré de conseillers avides comme lui de
domination, n'a bientôt plus pour but que
d'assurer sa puissance, et, aveuglé par cette
vaine espérance, il substitue, comme je
viens de le dire, le culte du but à l'honnêteté
du moyen. Alors, pour satisfaire le sentiment populaire qui l'a élevé sur le pavois,

il est réduit à travestir sa pensée; ou bien la vérité, quand elle sort de sa bouche pour n'être comprise que de ceux qui l'entourent, se dénature en descendant, et devient mensonge quand elle arrive à la base du peuple.

Peut-on au moins, monsieur le Député, compter sur les assemblées légiférantes pour remplir le rôle de contrôleurs sincères du pouvoir ou de défenseurs des intérêts nationaux? Hélas! une longue et triste expérience prouve combien leur concours, tel qu'il est actuellement organisé, est incertain ou funeste. Tour à tour factieuses ou asservies, elles n'ont jamais jusqu'ici rempli fidèlement leur mission, quand elles n'ont pas elles-mêmes contribué à la destruction de leur propre ouvrage.

Non, c'est sur une base plus large que le suffrage flottant d'une assemblée, que le gouvernement de la France doit s'asseoir, s'il veut être stable, et ce n'est pas non plus dans les rangs inférieurs du peuple qu'il peut puiser la vie.

Ce qu'il faut pour obtenir une stabilité de gouvernement aussi grande que le comportent les institutions humaines, c'est de faire surgir de notre société une classe nombreuse d'hommes éclairés et intègres qui, en relation intime et permanente avec le pays, le conseille en traduisant ses sentiments et dirige le gouvernement sans y mettre directement la main. Ce qu'il faut, c'est d'organiser une classe sociale de notables qui, sans autre intérêt que le respect des lois providentielles qui gouvernent le monde, et que le maintien des décrets humains qui les codifient, soit assez éclairée pour déjouer les subterfuges du pouvoir, assez indépendante pour ne craindre ni ses menaces ni ses caresses, pour ne redouter ni les enivrements de la popularité ni les violences des factions, et assez respectable pour être forte et respectée.

Reconnaissons d'abord que le suffrage universel, base de notre organisation politique actuelle, ne saurait être mis en question ; il doit être conservé, non parce qu'il est le nombre, mais simplement parce que dans de sages limites il est le droit. Une seule condition doit modifier son exercice ; cette condition, c'est la compétence.

En effet, toute opinion politique dans laquelle l'homme intervient, et il y intervient toujours comme acteur ou comme sujet ; toute opinion politique se décompose en deux éléments très-distincts : la sympathie et l'examen ; la sympathie, émanant du cœur, qui fort souvent est un bon juge, et l'examen, fruit du raisonnement et de l'étude.

La première chose à faire serait donc d'augmenter un peu l'âge des électeurs, de le porter à vingt-cinq ans au moins par exemple, pour rencontrer chez eux un peu plus de discernement. Ensuite, il faut bien le reconnaître, la classe la plus nombreuse ne choisit ses mandataires que sous l'inspiration de la sympathie qu'on crée autour du candidat préféré. Inhabile à connaître ses propres besoins, elle est tout à fait inconsciente de ceux de la patrie.

Je suis loin de lui reprocher son incompétence. Je me borne à la constater, et je suis bien persuadé d'avance que, quelque développée que soit un jour l'instruction populaire, jamais la masse de la nation ne sera composée, sans mélange, de tribuns et de législateurs.

Mais, lorsqu'on s'adresse exclusivement à la conscience du peuple et qu'on n'interroge que son honnêteté, sa réponse est souverainement juste. Demandez à dix ou à cent citoyens de désigner celui d'entre eux qui est le plus digne et dont les mœurs sont les plus pures, ils ne se tromperont pas; mais ne leur demandons pas, de grâce, de gouverner l'État.

Je voudrais donc qu'on utilisât cette merveilleuse et honnête faculté du peuple entier pour en faire sortir une classe nombreuse d'hommes que j'appellerais des notables, et qui auraient, je le répète, la mission de connaître les besoins du pays et de les formuler, de conseiller et d'éclairer les populations dont elles relèvent, et de contenir le pouvoir dans la voie qui lui serait tracée.

Quelles sont maintenant les conditions de recrutement, d'existence et d'action des notables? Je vous demande, monsieur le Député, la permission de vous dire comment je résoudrais ces questions.

D'abord, je voudrais qu'ils fussent nombreux, un sur cent électeurs, par exemple. Le remplacement des incapables ou des décédés aurait lieu de droit, de manière à maintenir toujours le même nombre de membres. Élus par le suffrage universel, par quartier dans les villes, par commune ou par fraction de commune dans les campagnes, ils formeraient des assemblées cantonales déléguant en permanence au chef-lieu de département ou de la province, si la division départementale est jugée trop petite, des commissaires renouvelables. C'est au canton que s'élaboreraient d'abord les questions élémentaires que de l'honnêteté et des études locales suffiraient pour résoudre.

Puis des assemblées régulières de tous les

délégués au chef-lieu de la province, per-
mettraient de réunir en un seul faisceau
toutes ces études secondaires pour en dé-
duire des solutions générales, et celles-ci,
réduites à leur tour en formules, serviraient
de règle de conduite pour les députés élus
directement par le suffrage universel faisant
acte, non de compétence, mais simplement
de sympathie.

Je l'ai dit, les assemblées légiférantes qui
ne relèvent que d'elles-mêmes, sont invaria-
blement factieuses ou asservies, et c'est ne
dépendre que de soi-même que de n'avoir
pas de mandat déterminé. Il ne faut plus
qu'une minorité inquiète désarçonne le pouvoir ou transige avec lui en portant son faible
appoint d'un côté ou de l'autre de l'assemblée.

Ce n'est pas que je suppose que les mandataires nationaux, recevant du parlement
provincial une direction générale de conduite, ne puissent avoir aucune liberté dans
le détail. Il est clair que, notables eux-mêmes
parmi les notables de leur région, leur avis

personnel sera d'un grand poids; mais ce que je demande, c'est qu'ils ne soient pas libres, comme jusqu'à ce jour, de suivre leur seule inspiration, après avoir, dans des promesses indécises, exprimé un programme qui ne les engage pas. Qu'on me pardonne ma défiance, elle ne s'adresse pas à leur loyauté, mais aux événements qui, malgré eux, les entraînent. Et il est bien temps enfin que la facilité des communications qui a serré les liens centralisateurs qui nous étreignent, serve maintenant à les détendre; car rien ne serait plus praticable que de faire siéger en même temps les parlements provinciaux et l'Assemblée législative pour établir un courant salutaire d'idées entre le centre et la circonférence, et propager un seul sentiment dans la classe dirigeante de la nation.

Pour que les notables puissent exercer avec succès leur faculté mandatrice, il faut que, d'une part, ils offrent des garanties d'honnêteté et d'aptitude, et que, d'autre part, ils demeurent à l'abri des atteintes du pouvoir et des caprices de la foule. La première garantie s'obtiendrait sûrement, j'espère, en n'accordant, pendant quelques années, aux notables élus une première fois qu'une voix consultative. Ce stage permettrait aux plus jeunes de faire leur apprentissage, et la publicité donnée aux travaux des assemblées ferait voir si les stagiaires sont dignes d'une seconde élection. La garantie contraire résulterait de ce que la seconde élection investirait l'élu d'une dignité viagère.

Mais je voudrais que le notable fût assujetti à une discipline austère, à un travail soutenu, à une habitation permanente au milieu de ses commettants ; je voudrais que sa dignité, car je comprends que c'en serait une, fût incompatible avec toute fonction amovible salariée. Je voudrais que si, par un acte grave d'indiscipline, il avait été privé par ses pairs de sa qualité de notable, il ne pût pas être réélu. Je voudrais qu'il en fût de même s'il se démettait de sa fonction. Ces précautions me sembleraient nécessaires pour que la qualité de notable ne fût, ni le but des intrigues, ni le jouet des partis.

Je comprendrais aussi que la notabilité fût une charge en même temps qu'une dignité, et qu'elle ne pût pas être déclinée sans de graves motifs d'exemption. Toutefois la fonction de notable serait une charge vaine si elle était exposée aux coups calomnieux et passionnés de la presse, et cependant, il faut que la presse puisse exercer son contrôle : mais il faut que ce contrôle soit sincère et respectueux ; je voudrais donc que la presse pût être traduite à la barre des assemblées de notables, et contrainte, judiciairement au besoin, à enregistrer en tête de ses colonnes, et sans discussion ultérieure, le verdict qu'elles auraient rendu.

Je n'ai indiqué que d'une manière très-générale les attributions des notables. C'est à eux-mêmes que me paraît revenir le soin de les limiter ; mais, s'il était nécessaire d'être plus explicite, je comprendrais qu'ils formassent, suivant l'échelon sur lesquels reposent leurs assemblées, des juridictions successives des idées nationales ainsi que de l'administration du pays. Ainsi, dans l'ordre des faits, pourquoi les assemblées cantonales ne seraient-elles pas juges des besoins des communes et de leurs rapports entre elles, sauf recours à l'assemblée départementale ? Celle-ci, à son tour, contrôlerait les questions cantonales, sauf recours à l'assemblée provinciale ; et ainsi de suite jusqu'à l'État. Il est clair, en effet, que ce qui n'intéresse que la commune n'a pas besoin d'être réglé par l'État autrement que par une loi générale, dont l'assemblée cantonale est très-apte à apprécier l'application. Si l'on veut rendre au pays sa vitalité, il faut au moins le laisser libre d'appliquer lui-même les règles tracées dans le seul intérêt d'éviter les abus.

Si l'on entend par aristocratie une classe d'hommes exempts de charges, jouissant de priviléges, tenant, sans labeur, leur rang du hasard ou de la faveur d'un chef ; les notables, comme je viens de les décrire, ne formeront jamais une aristocratie ; mais j'aimerais qu'on leur donnât ce nom, s'il signifiait honneur, travail et dévouement ; aristocratie viagère en même temps ouverte et stable.

J'aimerais ce nom, car il signifie inégalité sociale : je dis sociale et non légale ou politique. Inégalité sociale, c'est-à-dire justice rendue au mérite, à l'honnêteté, au travail, aux bonnes mœurs ; récompense aux services accomplis, au dévouement, à l'abnégation, à tous les nobles sentiments. Inégalité sociale, c'est-à-dire supériorité du meilleur sur ce qui est moindre.

Cette inégalité sociale est d'ailleurs fatale, et la nier, c'est nier l'évidence ; elle résulte de tout ce qui différencie les hommes entre eux : différence de force physique, de caractère, d'intelligence, pour ce qui est indépendant de l'homme ; ou bien différence de fortune, d'instruction, d'éducation, pour ce qui dépend de notre état social.

Mais non-seulement l'inégalité sociale est fatale et légitime, elle est de plus naturelle et franchement acceptée par tous les hommes. Tous comprennent parfaitement qu'ils ne sont point égaux. La seule chose qui irrite les classes inférieures, ce n'est pas l'inégalité quand elle est motivée, c'est l'injustice qui préside quelquefois à l'élévation de quelques-uns de leurs concitoyens dont ils connaissent l'indignité ou l'insuffisance.

Il faut donc absolument que tout ce qui est honnête, intelligent, travailleur et de bonnes mœurs forme un ensemble compacte et s'élève de la nation pour rendre aux nobles sentiments qui palpitent en elle l'influence qu'ils ont perdue, et pour s'opposer aux actes injustes qui corrompent et irritent le pays. C'est là qu'est le salut.

Mais, pour que nos mœurs publiques s'épurent, il faut qu'elles trouvent leur source au foyer même de la famille, élément de toute société. Il faut que la famille soit de nouveau austère et disciplinée au dedans et respectée au dehors. Il faut que son chef puisse la diriger et la défendre.

Le père de famille a charge d'âmes; il doit avoir la force nécessaire pour récompenser et pour punir ceux qui relèvent de lui. Je ne vous demande pas, monsieur le Député, de fonder de nouveaux priviléges; mais laissez au père de famille la liberté de tester et d'enseigner que la loi naturelle lui donne.

Ce ne sera pas tout que d'avoir rendu au chef de la famille la direction du foyer, il faudra aussi lui donner dans la vie publique la part d'influence qui lui est due. Représentant naturel et obligé d'êtres mineurs dont il partage les intérêts et qui ne se défendent pas, il a le devoir d'agir en leur nom en même temps qu'au sien propre. Il faut enfin que la famille intervienne dans les affaires publiques.

Veuillez me permettre de donner à ce sujet quelques éclaircissements.

Un certain groupe de penseurs considèrent la société comme une réunion d'hommes qui, entraînés par les lois de la conservation, se sont coalisés pour se défendre. Dans cette hypothèse, que justifie seul l'état de guerre dans lequel le monde ne pourrait vivre, la femme n'a pour eux aucun autre rôle que celui qui dépend de sa fonction sexuelle. Évidemment, cette abstraction ne saurait répondre à un état normal, et ne peut résulter que de ce que la femme prend moins de part que l'homme à la vie extérieure et à la discussion des lois.

Si, au contraire, revenant à la vérité, on considère la société comme un épanouissement de la famille, étendant ses rameaux autour du tronc principal, on est amené à reconnaître que la femme remplit un rôle social égal à celui de l'homme, et que sa fonction, pour être moins extérieure, n'est pas moins indispensable que celle de l'homme au développement des nations. Elle a donc le même intérêt que l'homme à leur conservation, les mêmes titres à leur gouvernement.

C'est elle qui allaite le genre humain et le berce sur ses genoux, et puisqu'il est incontestable que nos premières habitudes ont sur notre vie entière une influence indélébile, il il faut bien admettre que c'est à la femme que la société doit une grande partie des sentiments qui animent son cœur et de l'impulsion qu'elle a reçue. Après la mère vient l'épouse, et sous ces deux aspects la femme exerce sur nous, quoiqu'à des degrés très-différents, une influence considérable. Un fait si général dans le temps et dans l'espace ne saurait revêtir ce caractère sans découler d'une loi providentielle, à laquelle il faut se soumettre comme à toute loi d'en haut. Or, est-ce accepter la loi que d'en reconnaître le principe et que d'en refuser, par un souvenir du paganisme, la sincère application?

Mais, répond-on, la femme exerce son influence au foyer, et l'homme, qui l'a ressentie, l'imprime à son tour aux affaires publiques. D'abord, cela n'est pas complétement vrai; car, à mesure que l'homme avance dans la vie, il se soustrait de plus en plus, sous certains points de vue, à l'action de la femme; mais, en supposant qu'il l'acceptât complétement, comment, avec notre législation électorale, pourrait-il la faire sentir ? Il faut, en effet, bien reconnaître que l'homme marié a de lui-même des intérêts différents de ceux du célibataire, et que sa femme et sa famille en ont de semblables aux siens, et qui cependant ne sont pas représentés. L'homme marié, le père de famille, le veuf avec enfants, en ne déposant qu'un vote dans l'urne électorale, n'expriment donc évidemment qu'une partie de l'intérêt qui les attache à la chose publique. Je me garderai bien de demander que la femme, oubliant la modestie de son rôle, modestie qui n'altère pas l'importance de son intérêt, s'en aille, un bulletin à la main, faire un acte public indigne d'elle ; mais de ce que je viens de dire, il résulte nécessairement qu'il appartient à son mari de la représenter et de voter pour elle exactement comme il vote pour lui. Et ce ne peut être que lui qui doive la représenter : nos mœurs placent la femme sous la tutelle du mari, et lui enlèvent l'action, et par conséquent la responsabilité ; mais son intérêt, qu'elle n'administre pas, n'en demeure pas moins entier, et puisque

c'est le mari qui en supporte la respousa-
bilité, ce n'est qu'à lui qu'il est réservé
de le défendre. Ainsi la femme mariée a le
droit, au nom de son intérêt, d'exercer son
influence sur la marche des affaires du pays,
et c'est au mari, responsable, qu'il appartient de formuler cette influence et de la
représenter.

Cependant le couple conjugal, générateur
divin et social de la famille, ne la constitue
pas tout entière, et sa descendance, en se
développant, acquiert à son tour, avec l'âge
et la liberté, la responsabilité et le droit
d'exercer son influence politique et sociale.
Le fils, arrivé à l'âge du discernement,
l'exerce sans contrôle. Pourquoi la fille
non mariée ne l'exercerait-elle pas, par son
père d'abord, son représentant naturel, par
son frère ensuite, ou enfin simplement par
un délégué de son choix?

Les orphelins, pour n'avoir pas le discernement ni même le sentiment de sympathie,
n'en ont pas moins un intérêt commun; dès

lors, leur tuteur, responsable, doit le représenter et le défendre.

Enfin la veuve, au même titre que le veuf, a un intérêt et une responsabilité. Elle a donc un droit qu'elle doit pouvoir déléguer suivant son choix, comme la fille hors de tutelle. Veuve et mère, la femme a un intérêt double, et, par conséquent, un droit double qu'elle doit pouvoir déléguer aussi.

Si je résume ce que je viens de dire, je constate que la famille se compose de trois termes distincts : le père, la mère et les enfants mineurs. Si les deux premiers termes existent seuls, le père disposera de deux voix ; mais l'addition du troisième terme ne changera rien à sa position, puisque les enfants mineurs non orphelins ne possèdent aucune faculté ni aucun intérêt. Lorsqu'un des deux premiers termes disparaît, ou le veuf reste seul et ne représente plus que lui-même, ou il a des enfants mineurs et il a un autre intérêt que le sien et le droit de le défendre. Enfin, si les deux premiers termes sont tous les deux disparus, les enfants mineurs se groupent, ne représentent qu'un seul intérêt, et n'ont droit qu'à un seul vote, dont le tuteur est naturellement le représentant. Tel doit être, à mon avis, le mode d'intervention de la famille dans les affaires publiques.

Mais, m'a-t-on dit aussi, les questions de l'ordre moral, comme celles de l'intervention politique de la famille, ne se résolvent pas avec la précision qui accompagne ordinairement les solutions des questions intéressant l'ordre physique, et peut-être cette intervention telle que je viens de l'indiquer n'est-elle ni complète, ni pratique, ni nécessaire : ni complète, en ce sens que l'intervention de la femme devrait entraîner celle de chacun des enfants ; ni pratique, parce que cette immixtion adoptée, il serait difficile d'en faire une application rigoureuse ; ni nécessaire enfin, en ce sens qu'il n'est pas sûr que la modification proposée influe notablement sur le résultat final et l'améliore.

Ma réponse sera bien simple : N'est-il pas légitime que la femme, qui entre au même

titre que l'homme dans l'œuvre de la créa-
tion, ait les mêmes droits que lui ? La solution de cette question ne pouvant être
qu'affirmative, le principe est posé. L'application en reste à faire, et je reconnais qu'ici
l'approximation intervient ; mais, se rappro-
cher le plus possible de la vérité doit être
le but à atteindre, et c'est elle que j'ai eu
en vue en formulant comme je l'ai fait le
mode d'action politique de la famille. En
ce qui concerne le résultat, je pense qu'il
ne saurait être que bienfaisant, puisque sa
source est légitime.

La délégation du vote est nécessaire pour
que la famille puisse exercer son action politique. Elle est d'ailleurs dans nos mœurs.
C'est parce que chacun de nous ne peut pas
aller porter une boule dans l'urne nationale
pour la solution des questions qu'il est apte
à résoudre, qu'il délègue un mandataire ;
or, quand un député représente des milliers
d'électeurs, pourquoi un citoyen ne pourrait-il pas en représenter un autre. Si on
admet cette faculté, il n'y aura plus d'abs-

tention légitime, et elle consacrera l'application d'une peine contre celui qui s'abstiendra et qui oubliera son devoir envers le pays.

Quand la famille, monsieur le Député, sera ainsi reconstituée au dedans et au dehors; quand le vote sera complet, général et obligatoire; on pourra abandonner sans crainte aux notabilités sociales émanées du suffrage universel le soin de rédiger les cahiers dans lesquels les représentants du peuple trouveront le mandat qui dirigera leur conduite.

Soumises aux lois qu'elles devront défendre, se contrôlant elles-mêmes et surveillant le pouvoir, les assemblées légiférantes ne seront plus alors un danger pour la patrie.

En résumé, je propose de discipliner la famille et d'augmenter son influence politique :

1° En reportant à vingt-cinq ans au moins l'âge de l'électeur ;

2° En laissant au père de famille la liberté de tester et celle de l'enseignement ;

3° En donnant à l'homme marié et au veuf avec enfants mineurs le droit à un vote double ; à la veuve, à la fille, à l'orphelin, un représentant de leurs droits.

Ceci fait, je propose d'introduire la hiérarchie dans la nation en organisant une classe active et prépondérante de notables issus du suffrage universel ; et, pour y arriver, je demande :

4° Le vote obligatoire et à la commune ou par fraction plus petite encore, au besoin par délégation, avec une sanction contre les abstenants ;

5° L'élection localisée de notables viagers formant des assemblées cantonales ;

6° La formation de parlements provinciaux ou régionaux émanés des assemblées cantonales, et traçant aux députés départementaux une règle large de leur conduite ;

7° L'élection à la commune par le suffrage universel et direct, faisant acte de sympathie, et au scrutin de liste, des représentants départementaux du peuple acceptant le programme formulé par le parlement régional;

8° La soumission de la presse à l'influence des assemblées de notables.

Cette lettre, monsieur le Député, nécessiterait de longs développements qu'assurément vous n'attendez pas de moi. Je me suis d'ailleurs abstenu avec soin de sortir de mon rôle de simple citoyen. Confiant dans les notabilités sociales que je demande au pays de choisir, j'espère qu'elles seront assez sages pour ramener parmi nous, autant par leur exemple que par leur volonté, la discipline et la hiérarchie qui font la force des nations prospères. C'est à elles qu'il appartiendra d'indiquer les moyens légaux d'arriver à cet indispensable résultat.

Mais la première mesure à prendre avant toute autre et sans laquelle rien ne sera possible, ce sera d'éloigner de Paris l'Assemblée législative et une partie du gouvernement.

Sera-ce à vous, monsieur le Député, et à vos honorables collègues, que reviendra la mission d'élaborer les lois régénératrices dont le pays a besoin? je l'ignore ; mais, pour que cette grande œuvre puisse s'accomplir, il est nécessaire d'entourer son berceau du calme et de la sécurité que Paris et son voisinage ne sauraient jamais offrir à une assemblée délibérante.

L'éloignement de Paris du Corps législatif serait assurément le premier vœu émis par les assemblées provinciales si elles étaient constituées. C'est le cri que pousse aujourd'hui la France, qui veut que le mandat qu'elle donne à ses représentants soit respecté, et que leurs délibérations soient à l'abri d'un coup de main ou de la pression des minorités turbulentes qui agitent notre capitale.

Si vous vous inspirez des sentiments du pays, un des actes de votre législature sera certainement de fixer le siége de l'Assemblée constituante assez loin de Paris pour qu'elle puisse délibérer en paix.

Les lois électorales qui vont être proba-
blement discutées pour servir de base à la
représentation nouvelle et constituante du
pays seront une occasion unique peut-être
d'aborder les questions que j'ai soulevées
dans ma lettre. Leur solution bonne ou mau-
vaise peut nous sauver ou nous perdre à
jamais.

Pour moi, je ne puis que prier la Provi-
dence de vous envoyer ses plus saintes inspi-
rations, et j'aurai atteint mon but si les idées
de décentralisation que je viens d'avoir l'honneur de vous soumettre vous paraissent honnêtes en même temps qu'assez praticables
pour mériter un instant votre attention.

Veuillez agréer, monsieur le Député, l'ex-
pression de mon respect.

De L.

Mai 1871.

1048. — Tours, impr. Mame.